LES FESTES DE L'HIMEN ET DE L'AMOUR,

BALET-HEROIQUE

DONNÉ A VERSAILLES

Le 15 Mars 1747.

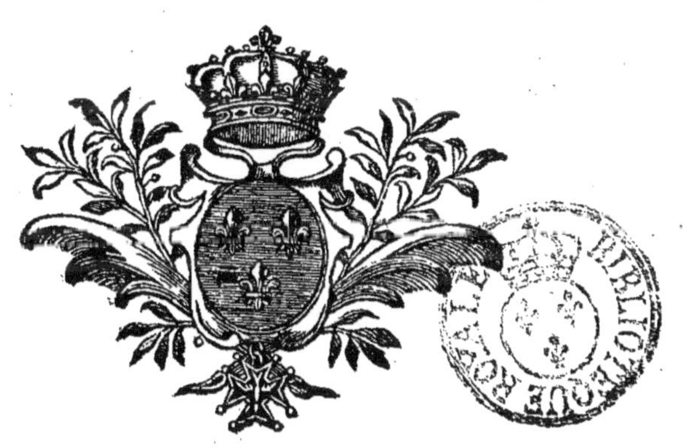

DE L'IMPRIMERIE

DE JEAN-BAPTISTE-CHRISTOPHE BALLARD,

Doyen des Imprimeurs du Roi, ſeul pour la Muſique.

M. DCC XLVII.

Par exprès Commandement de Sa Majeſté.

LES FESTES
DE L'HIMEN
ET DE L'AMOUR.

LE POËME est du S[r] DE CAHUSAC;
LA MUSIQUE du Sr RAMEAU;
LA DANSE du Sr LAVAL, *Compositeur des Balets du* ROI.

ACTEURS ET ACTRICES
Chantans dans les Chœurs.

DESSUS.	HAUTES-CONTRES.	TAILLES.	BASSES-TAILLES.
Les Demoiselles	*Les Sieurs*	*Les Sieurs*	*Les Sieurs*
Dun,	Levasseur,	Fel,	Marcelet,
Tulou,	Belot,	Bourque,	Le Page-C.,
Delorge,	Dugué,	Duchênet,	Armand,
Larcher,	Chapotin,	Gallard,	Lefebvre,
Delastre,	Louatron,	Rochette,	Laubertie,
Riviere,	Cordelet,	Houbeau,	Bellanger,
Cazeau,	Rhone,	Bornet,	De Serre,
De Lurcie,	Duguay,	Cuvillier,	Gratin,
Montbrun,	Le Begue,	Pinot,	Le Mesle,
Cartou,	Bazire,	Daigremont.	St Martin,
Monville,	Guedon,		Secqueval,
Masson,	Bertrand.		Dun,
Rollet,			Lamarre,
Delorme,			Godoneche,
Lablotiere,			Douzain,
Chedville,			Benoit.
Requier,			
Gondré.			

LE Prologue de ce Balet, n'eſt qu'un Epithalame en action. Il prépare par la réunion de L'HIMEN ET DE L'AMOUR, les ſujets des Entrées qui le ſuivent.

Dans la *Premiere*, ces Dieux aimables triomphent de la férocité d'un peuple ſauvage. L'AMOUR l'éclaire. L'HIMEN le rend heureux.

Une Nimphe digne de ſon bonheur, ſaiſit dans la *Seconde*, ces momens délicieux que l'Amour ſeul peut faire naître, pour déſarmer la colere d'un Dieu terrible : Elle obtient la grace de ſa Patrie, qu'un zele aveugle avoit rendue coupable; et l'Himen qui l'unit à l'amant qu'elle adore, eſt une ſource éternelle de bienfaits pour ſes Concitoyens.

Dans la *Troiſiéme* enfin, L'HIMEN eſt l'Objet & le prix des Jeux célébrés en l'honneur de la déeſſe ISIS. Ils deviennent la fête de L'HIMEN, la récompenſe des Talens, et le bonheur de L'AMOUR.

ACTEURS DU PROLOGUE.

L'AMOUR, La Dlle Coupée.
L'HIMEN, La Dlle Romainville.
UN PLAISIR, Le Sr Poirier.
GRACES,
PLAISIRS, } *de la ſuite de* L'AMOUR.
JEUX, ET RIS,
VERTUS, *de la ſuite de* L'HIMEN.

PERSONNAGES DANSANS.

LES GRACES.

Les Dlles Le Breton, Courcelle, Deverriere.

JEUX ET PLAISIRS.

Le Sr Laval ;
Les Srs Duval, Bourgois ;
Les Dlles Himblot, Deveriere-C. ;
Les Srs F-Dumoulin, P-Dumoulin, Dangeville, Malter-C. ;
Les Dlles Puvignée, Sauvage, Lyonnois-C., Briſſevalle.

VERTUS.

Les Dlles Thiery, Beaufort, Minot, Duchateau.

LES FESTES DE L'HIMEN ET DE L'AMOUR.

PROLOGUE.

Le théâtre repréſente le Palais de L'AMOUR: Ce Dieu eſt placé ſur un trône de fleurs : Il eſt ſans armes, et il paroît plongé dans une profonde triſteſſe. Les Graces, les Jeux, les Ris, et les Plaiſirs s'empreſſent autour de lui.

SCENE PREMIERE.

L'AMOUR, UN PLAISIR, LES GRACES.

UN PLAISIR.

DIEU charmant, eſſuyez vos pleurs;
Les peines de l'amour font le malheur du monde.
Les Jeux, les Plaiſirs enchanteurs
Ne pourront-ils calmer votre douleur profonde?

UN PLAISIR, ET LE CHŒUR.

Dieu charmant, essuyés vos pleurs;
Les peines de l'amour sont le malheur du monde.

PREMIER BALET FIGURE'.

Les GRACES s'éfforcent de consoler L'AMOUR: Sa tristesse continue, elles quittent leurs parures & tous leurs ornemens qu'elles déposent aux pieds de L'AMOUR.

L'AMOUR.

Mon trop juste dépit ne peut plus se calmer...
Eloignez-vous Plaisirs, cessez de me contraindre.

UN PLAISIR.

Le Destin en couroux doit-il vous allarmer?

Qu'a-t'on à craindre
Quand on a le don de charmer?

L'Envie a beau s'armer
Elle est forcée à feindre.

Qu'a-t'on à craindre
Quand on a le don de charmer?

Un regard suffit pour éteindre
La haîne prête à s'enflamer.

Qu'a-t'on à craindre
Quand on a le don de charmer?

LE

LE BALET FIGURE' continue.

UN PLAISIR.

Dans les ennuis, dans les allarmes,
Eh! Pourquoi consumer vos charmes,
Quand tout vous presse d'en jouir?

Vos beaux yeux ne doivent s'ouvrir
Qu'à ces délicieuses larmes,
Qu'arrache à la tendresse un excès de plaisir.

L'AMOUR.

Je perdrois toute ma puissance!
L'Amour reconnoitroit des loix!..
Un Rival, à mon char enchaîné tant de fois,
Me verroit à son tour sous son obéissance!..

UN PLAISIR, ET LE CHŒUR.

Dieu charmant, &c.

L'AMOUR.

Cruel Destin! Quel arrêt rigoureux!..
A l'Himen, il est vrai, j'ai déclaré la guerre,
Il régnoit en tiran sur des cœurs malheureux:

Ma victoire a comblé leurs vœux.
Destin, tu me punis du bonheur de la terre.

On entend une Symphonie brillante.

L'AMOUR, ET LE CHŒUR.

Quels sons brillans font retentir ces lieux!..

L'AMOUR.

Ciel! c'est l'Himen!

SCENE II.

L'AMOUR, L'HYMEN, SUITE DE L'AMOUR; VERTUS DE LA SUITE DE L'HIMEN, qui portent les armes & le flambeau de L'AMOUR.

L'HIMEN.

FUyez, fuyez sombre tristesse,
Laissez régner les Jeux dans cette aimable Cour.

A L'AMOUR.

Connoissez toute ma tendresse.
Je ne veux employer le pouvoir qu'on me laisse
Qu'à faire triompher l'Amour.

Fuyez, fuyez sombre tristesse,
Laissez regner les Jeux dans cette aimable Cour.

L'AMOUR.

Qu'entens-je ! O Dieux ! ...

L'HIMEN.

Nos cœurs sont-ils faits pour la haine ?
Le Destin m'abandonne un pouvoir glorieux :
Qu'il soit égal entre nous deux.
Ma puissance pour moi deviendroit une peine,
Si l'Amour étoit malheureux.

L'AMOUR, A L'HIMEN.

C'en est fait, ma haine expire.

ENSEMBLE.

Je ne vivrai plus que pour vous.

L'HIMEN.

J'ai soumis à mes loix deux augustes Epoux,
Leur bonheur est l'objet des vœux d'un vaste Empire,
Et l'univers l'attend de nous.

ENSEMBLE.

Réunissons notre puissance,
Pour embelir ces nouveaux nœuds.

L'HIMEN.

Lancez, lancez vos traits.

L'AMOUR.

Faites briller vos feux.

ENSEMBLE.

Qu'auprès d'eux les plaisirs enchaînent la constance.
Par nos soins à les rendre heureux,
Signalons notre intelligence.

L'AMOUR.

Volez Plaisirs, célébrez ce beau jour,
Volez, parez l'Himen, qu'il soit toujours aimable.

Pour rendre notre accord durable,
Vertus qui le suivez, ne quittez plus ma Cour.

Volez Plaisirs, célébrez ce beau jour,
Volez, parez l'Himen, qu'il soit toujours aimable.

SECOND BALET FIGURÉ.

Les VERTUS rendent à l'AMOUR son arc, son carquois & son flambeau. Les GRACES & les PLAISIRS vont reprendre leurs parures. Les Graces parent L'HIMEN; L'AMOUR lui donne deux fleches dorées, et ils troquent de flambeau. Les Plaisirs parent les Vertus de Guirlandes de fleurs; ce Balet finit par l'union de l'Amour, des Graces & de l'Himen, des Plaisirs & des Vertus.

L'AMOUR, A L'HIMEN.

Qu'on ne trouve dans l'univers
Que des Epoux heureux, et des Amans fidéles.

L'HIMEN.

Ne vous servez plus de vos aîles.

L'AMOUR.

Sous mille fleurs, cachez vos fers.

ENSEMBLE.

Qu'on ne trouve dans l'univers
Que des Epoux heureux, et des Amans fidéles.

CHŒUR.

Regnez, offrez-vous aux mortels
Sous des formes toujours riantes.
Que vos images triomphantes
Brillent sur les mêmes autels.

FIN DU PROLOGUE.

PREMIERE ENTRÉE.

OSIRIS.

Osiris étant né bienfaisant & amateur de la Gloire, assembla une grande armée dans le dessein de parcourir la terre, pour y porter toutes ses découvertes, et sur-tout l'usage du blé & du vin.... Lorsqu'il passoit par l'Ethiopie, on lui présenta des Satires.... Osiris aimoit la joie, et prenoit plaisir au chant & à la danse. Il avoit avec lui une troupe de Musiciens, et neuf filles instruites de tous les Arts. Ainsi, Osiris voyant que les Satires étoient propres à chanter, à danser & à faire toutes sortes de jeux, il les retint à sa suite. Car d'ailleurs il n'eut pas besoin de vaquer beaucoup aux exercices Militaires, ni de s'exposer à de grands perils, parce qu'on le recevoit par-tout comme un Dieu, qui portoit avec lui l'abondance & la felicité.* DIODORE de Sicile, Livre 1. Sect. 1re, Art. 9.

On a imaginé qu'un Peuple instruit, respirant l'amour & le plaisir, mis en scene avec un peuple d'Amazones sauvages, pouvoit produire un contraste agreable. L'exi-

* DIODORE & les autres Auteurs les appellent *les Muses*; ce sont en effet les neuf Filles à qui les Grecs ont donné ce nom.

ſtence, au reſte (au même tems où vivoit Oſiris) d'un peuple d'Amazonnes telles à peu-près qu'on les a peintes dans cette Entrée, eſt ſuffiſament juſtifiée par la Fable, et même par quelques Hiſtoires. *

On a pris les principaux traits du caractere d'Oſiris, de ces Vers charmans de Tibule : * *

Primus aratra manu ſolerti fecit Oſiris,
Et teneram ferro ſollicitavit humum ......
Non tibi ſunt triſtes curæ, nec luctus Oſiri :
Sed chorus, & cantus, & levis aptus amor :
Sed varii flores, & frons redimita corymbis,
Fuſa, ſed ad teneros lutea palla pedes,
Et tyriæ veſtes, & dulcis tibia cantu,
Et levis occultis conſcia ciſta ſacris, &c.

* Diod. Liv. 2. Art. 26 & 27, et Liv. 3. Art. 33.
** Tibule, Liv. 1. Eleg. 8

ACTEURS CHANTANS.

OSIRIS, Le Sr Jeliote.

ORTHESIE, *Reine d'un Peuple d'Amazones sauvages*, La D[lle] Chevalier.

MYRRINE, *Amazone sauvage*, La D[lle] Gondré.

Suites D'OSIRIS, D'ORTHESIE, DE MYRRINE.

PERSONNAGES DANSANS.

LE PRINTEMS.

La D[lle] Puvignée;
Les Srs Bourgois, Duval, Lorette;
Les D[lles] Himblot, de Verriere, Chevrier.

L'ETE'.

Les Srs Malter-L., Hamoche, Matignon, Dumay;
Les D[lles] S-Germain, Courcelle, Thiery, Minot.

SATYRES.

Les Srs Javillier, Dupré, Feuillade, Lionois, Caillez, Monservin.

MUSES.

La D[lle] Dallemand.
Les D[lles] Puvignée, Sauvage, Duchateaux, Devaux.

SAUVAGE ET SAUVAGESSES.

Le S[r] D-Dumoulin, la D[lle] Camargo;
Les D[lles] Rosaly, Petit, Erny, Beaufort.

LES

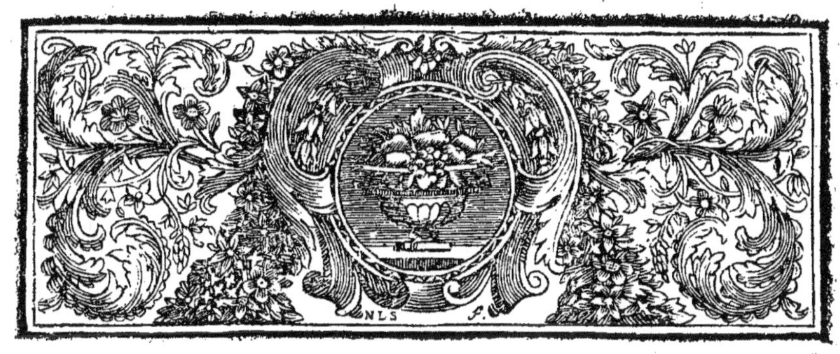

PREMIERE ENTRE'E.

OSIRIS.

Le théâtre représente d'un côté des rochers, de l'autre des arbres mal arrangés, les uns sont sans tige, les branches de quelques autres tombent jusqu'à terre. Dans la perspective, des rochers, et l'entrée de plusieurs cavernes.

SCENE PREMIERE.

ORTHESIE, MYRRINE.

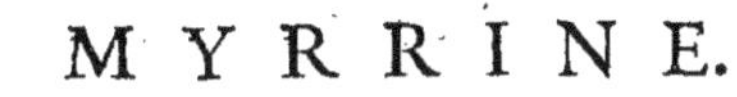

MYRRINE.

IL faut vaincre, ou subir un honteux esclavage.
Reine, ces Mortels odieux
Osent braver notre courage,
Ils vont reparoitre en ces lieux.....
C'est du nom d'Osiris leur chef audacieux,
Qu'ils font retentir le rivage.

ORTHESIE.

Myrrine, entendois-tu ſes perfides diſcours?...

Que ces Mortels ſont redoutables!
Mon bras à mon repos doit immoler leurs jours.
Par des ſermens inviolables,
J'ai promis à nos Dieux d'en terminer le cours....
Que ces Mortels ſont redoutables!
Mon bras à mon repos doit immoler leurs jours.

MYRRINE.

Ce ſexe ambitieux n'aſpire
Qu'à l'honneur de nous aſſervir;
Et c'eſt pour uſurper l'empire
Qu'il feint de vouloir obéir.

Il regnoit en ces lieux, l'eſclavage & les larmes,
Etoient le prix de nos appas.
Nos meres en courroux par un juſte trépas,
Vengerent les Dieux & nos charmes.

CHŒUR D'AMAZONES sauvages, derriere le théâtre.

Aux armes, aux armes....

ORTHESIE, MYRRINE,
Avec les CHŒURS.

Courons aux armes.
Haine implacable, arme nos bras.

Pendant ce CHOEUR, les AMAZONES sauvages armées viennent en foule sur le théâtre.

OSIRIS arrive en même tems de l'autre côté, avec une suite nombreuse.

SCENE II.

OSIRIS, ORTHESIE, MYRRINE, Suite D'OSIRIS, AMAZONES sauvages.

OSIRIS, dans l'éloignement.

N'Ecouterés-vous que la haîne,
Quand je viens vous offrir la paix?

En avançant.

Que craignez-vous charmante Reine?
On n'a point d'Ennemis quand on a tant d'attraits,
Et c'est l'Amour qui vous améne
Des cœurs soumis, et de nouveaux sujets.

Que craignés-vous, &c.

ORTHESIE.

Témeraire ; crains mon couroux...
Fui... Nos Dieux & nos loix de ces lieux vous banissent.

MYRRINE, ET LES AMAZONNES sauvages.

Qu'ils soient enchaînés, qu'ils périssent!
Frapons, qu'il tombent sous nos coups.

OSIRIS.

Que vous connoissés mal le pouvoir de vos charmes!
Eh! Pourquoi recourir aux armes

Pour nous donner des fers ?
La beauté fait votre partage,
Pour nos cœurs vous êtes l'image
Des Dieux qu'adore l'univers.

Volez, volez à la victoire,
L'Amour & la Gloire
Offrent à vos attraits un triomphe plus doux.
Volez, volez à la victoire,
Laissez regner l'Amour, l'univers est à vous.

ORTHESIE.

Aux douceurs d'un frivole hommage,
Nous savons préferer une noble fierté.

Nous trouvons en ce lieu sauvage,
La Gloire dans notre courage,
Et le bonheur dans notre liberté.

Je vois tes soins comme un outrage :
Mon peuple avec moi le partage,
Qu'espere-tu de ta témerité ?

Nous trouvons, &c.

Va, crains la mort, ou l'esclavage.

OSIRIS.

Je guide un peuple généreux
Qui, ſans la redouter, fuit l'horreur de la guerre.
Il met tout ſon bonheur à faire des heureux.
Son art, cher aux Humains, orne, enrichit la terre;
Il la rend par ſes ſoins, la Rivale des cieux.
Partagez avec nous ſes bienfaits précieux.

ORTHESIE.

Qu'importent ces faux biens au cœur qui les ignore!
Crois-tu par leur appas déſarmer nos rigueurs?

OSIRIS.

Amour, tu peux fléchir les plus ſauvages cœurs.
C'eſt pour ta gloire, Amour, qu'aujourd'hui je t'implore.

à ſa ſuite.

Vous qui ſuivez mes pas, offrez à leurs regards
Les préſens de Cerès, de Pomone, et de Flore,
Et les fruits aimables des Arts.

PREMIER BALET FIGURÉ.

Trois differens Quadrilles repréſentans le *Printems*, l'*Eté*, * et l'*Automne*, offrent à ORTHESIE, toutes les eſpeçes de fleurs & de fruits.

Ces trois troupes ſe perdent ſucceſſivement dans les rangs des Amazones ſauvages. MYRRINE ſuit la premiere.

* Les Satires de la ſuite d'OSIRIS repréſentent l'Automne.

SCENE III.

OSIRIS, ORTHESIE, SUITE D'OSIRIS, SUITE D'ORTHESIE, EGYPTIENS ET EGYPTIENNES representans les Saisons.

CHOEUR DES AMAZONES SAUVAGES après le Ballet.

Quels doux parfums, quelles vives couleurs!

OSIRIS, A ORTHESIE.

Dans ces lieux la naissante Aurore
Répandra-t'elle en vain ses pleurs?
Zephire, pour fixer ses volages ardeurs,
N'y trouvera-t'il jamais Flore?
Ce n'est que pour parer l'amante qu'il adore,
Que son souffle amoureux fait éclore les fleurs.

SCENE IV.

MYRRINE, et les Acteurs de la Scene précédente.

MYRRINE, *en entrant.*

Peuple leger, ton cœur cesse d'être inflexible.

A ORTHESIE.

Une indigne pitié suspend votre couroux,
Ah ! dussai-je périr, je cours, s'il est possible,
D'un piege trop fatal vous sauver malgré vous.

MYRRINE sort par le fond du théâtre.

SCENE V.

LES MUSES de la suite D'OSIRIS, & les Acteurs de la Scene précédente.

SECOND BALET FIGURE'.

Les MUSES de la suite D'OSIRIS, après avoir offert à ORTHESIE tout ce que les Arts ont inventé de rare, et d'agréable, se réunissent avec les Egyptiens & Egyptiennes du *premier Balet*, pour élever des berceaux de fleurs des deux côtés du théâtre. Ces berceaux portés par des cariatides d'or aboutissent dans le fond à un Salon

Salon de fleurs & de verdure : Il est percé à jour, et les rameaux qui le forment sont chargés de toute sorte de fruits.

Toutes les Amazones sauvages que la crainte avoit tenues éloignées, accourent à ce Spectacle, et remplissent ce côté du théâtre. Elles portent un javelot d'une main ; elles tiennent de l'autre, des fleurs & des fruits dont les Acteurs du Balet étoient chargés, et qu'ils ont abandonnés à ce Peuple sauvage.

CHŒUR

D'AMAZONES SAUVAGES.

Quels objets enchanteurs ! Quels charmes inconnus !
Un Dieu seul a pû les produire.

ORTHESIE, à part.

Ils m'étonnent, sans me séduire,
Et je ne crains que ses vertus.

Les Acteurs du Balet sortent.

SCENE VI.

OSIRIS, ORTHESIE, et leur SUITE.

OSIRIS, en approchant D'ORTHESIE.

Votre peuple, qu'instruit la voix de la Nature,
Semble oublier les sermens qu'il a faits.

ORTHESIE en réflexion.

Ciel! suspendre nos coups, est peut-être un parjure.

OSIRIS.

Ces barbares sermens offensent vos atraits,
Et sont pour les Dieux une injure.
Les Dieux ne nous donnent le jour
Que pour nous voir unis par les plus douces chaînes.
Ces nœuds charmans adoucissent les peines,
Et du plaisir qui fuit, assurent le retour......

ORTHESIE.

Aux accens d'une voix si tendre,
Le charme qui vient me saisir
Dans les airs semble se répandre.
Aux accens d'une voix si tendre,
On croit respirer le plaisir..

Quelle foiblesse ! O ciel ! . . . Hâte toi de partir,
** Ou songe à te défendre.*

OSIRIS.

*** Non, frappez, ou cessez enfin de me haïr.*

CHŒUR de la suite D'OSIRIS.

A l'Amour tout doit rendre hommage
Les plaisirs, le bonheur sont le prix de nos vœux.

ORTHESIE.

Le trouble que je sens seroit-il son ouvrage !
Eh ! Quel est donc ce Dieu qu'on ignore en ces lieux ?

OSIRIS.

Il régne en Souverain sur toute la Nature,
Elle se ranime à sa voix,
Les jours sont plus serains, l'onde devient plus pure,
Mille charmans Concerts font retentir les bois,
Les fleurs naissent, les champs se parent de verdure :
Pour embellir la terre, il lui donne des loix.

On entend un bruit de guerre sauvage. On voit sortir des cavernes du fonds du theatre, et paroître au sommet des rochers, une troupe d'Amazones sauvages conduite par Myrrine.

* En levant le bras pour frapper OSIRIS.

** En s'offrant aux coups d'ORTHESIE.

SCENE VII.

OSIRIS, ORTHESIE, MYRRINE, et leurs Suites.

MYRRINE & Suite fondant sur OSIRIS.

Que notre serment s'accomplisse.
Qu'Osiris périsse!
Vengeons nos Dieux irrités.

ORTHESIE qui se précipite entre OSIRIS & MYRRINE.

O Ciel!.. Barbares, arrêtés...
Obeissez à votre Reine.

MYRRINE. Suite.

Non, non, n'écoutons que la haîne.
Vengeons nos Dieux irrités.

ORTHESIE.

Barbares, arrêtés,

A SA SUITE.

Accourez à la voix de votre Souveraine.
Defendez Osiris de leur rage inhumaine.

OSIRIS, ORTHESIE, CHOEURS de leur Suite.

Barbares, arrêtez,

Obéïssez à votre Reine.

MYRRINE est envelopée par la suite D'OSIRIS & D'ORTHESIE.

ORTHESIE.

Qu'on la désarme! Qu'on l'enchaîne!

MYRRINE désarmée, à ORTHESIE.

Tu m'accables en vain, je suis libre & tu sers.

Va, ton injustice, & mes fers

Sont moins à craindre que ta chaîne.

On l'emmene.

SCENE VIII.

OSIRIS, ORTHESIE, et leur suite.

OSIRIS.

VOus défendez des jours que j'offre à vos appas.

N'ayez plus d'allarmes.

Les Jeux & les Plaisirs qui marchent sur mes pas,

Contre vous sont nos seules armes.

ORTHESIE.

Eh! Que seroit sans toi l'apareil qui te suit?
C'est à la main qui les conduit,
Que les plaisirs doivent leurs charmes.

OSIRIS.

Qu'entens-je?.. Je triomphe, et l'Amour est vainqueur.

ORTHESIE.

L'Amour en m'éclairant, commence mon bonheur.

OSIRIS.

Qu'à la voix d'Osiris ces Déserts s'embellissent.
Rochers affreux, disparoissez.
Volez, Zephirs volez, aimables fleurs naissez.
Que pour s'aimer toujours nos deux Peuples s'unissent.

Le théâtre change, il représente des Jardins délicieux, et dans le lointain une campagne fertile.

L'union des deux Peuples fait le sujet du dernier divertissement.

FIN DE LA PREMIERE ENTRE'E.

SECONDE ENTRÉE.

CANOPE.

ON célébroit en Egipte vers le Solſtice d'Eté, une Fête ſolennelle en l'honneur du Dieu des Eaux. Ce Jour de joie étoit enſanglanté par * le ſacrifice barbare d'une jeune Fille.

Les Hiſtoriens raportent que la célébre ville de Memphis, fut ainſi nommée de la Fille du Roi, qui la bâtit, et les Egyptiens croyoient que cette Princeſſe avoit été aimée du Nil. ** Ce Dieu étoit pour eux le plus redoutable. Ils penſoient ne devoir qu'à ſa puiſſance la fécondité ou la ſterilité de la terre. Il avoit d'ailleurs obtenu, *** par l'artifice de ſes Prêtres, la ſuperiorité ſur le Dieu même des Chaldéens, auquel toutes les idoles des autres Nations l'avoient cédée.

C'eſt ſur ces materiaux qu'on a imaginé cette Entrée. On a cru entrevoir dans ce fonds (s'il étoit bien traité) cet intérêt théatral qui remue le cœur, quelques-unes de ces ſituations précieuſes qui donnent une libre carriere au génie du Muſicien, et un Spectacle d'autant plus agréable, qu'il n'eſt en partie, que l'image d'un des effets ſurprenans de la nature.

* On ignore quand & pourquoi cet horrible ſacrifice fut inſtitué. Les Auteurs ſe taiſent encore ſur le tems & ſur les motifs de ſon abolition.

** Il naquit un fils de leurs amours, qui donna ſon nom à l'Egipte. Ce Dieu après avoir ſucceſſivement porté pluſieurs noms differens, retint enfin celui de *Nil* de *Nilée.*

*** Ruffin, *Hiſt. Eccleſiaſt.* liv. 11. chap. 26.

ACTEURS CHANTANS.

CANOPE, *Dieu des eaux*, Le S^r^ Le Page.

CAGERIS, *Dieu de sa Suite*, Le S^r^ De la Tour.

MEMPHIS, *jeune Nymphe*, La D^lle^ Mets.

LE GRAND-PRESTRE *du Dieu* CANOPE, Le Sr Albert.

DIEUX ET NAYADES.

EGIPTIENS.

EGIPTIENNES.

PERSONNAGES DANSANS.

SACRIFICATEURS.

Le Sr Monservin;

Les Srs Javillier, Feuillade, Levoir, Matignon, Dumay, Lionois.

RUISSEAUX.

Le Sr Dupré;

Les Srs Caillez, Malter-C. F-Dumoulin, P-Dumoulin.

La D^lle^ Lionois.

Les D^lles^ Rosaly, Petit, Puvignée, Duchateau, Lionois-C., Devaux.

LES

SECONDE ENTRÉE.

CANOPE.

Le théâtre représente un bocage sur les bords du fleuve ; on voit dans la perspective les cataractes, et la chaîne de Montagnes qui sépare l'Egipte de l'Ethiopie.

SCENE PREMIERE.

*CANOPE, AGERIS.

AGERIS.

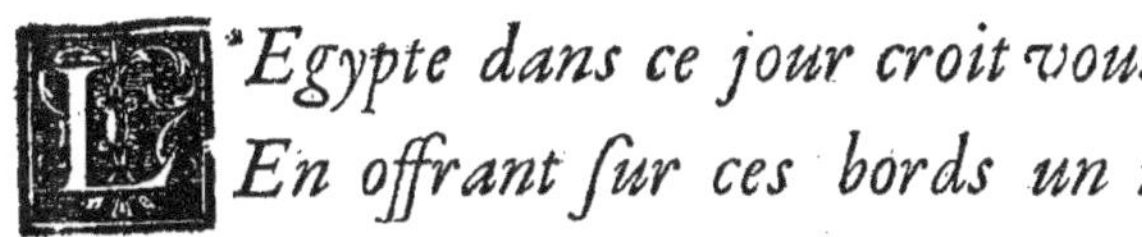

L'Egypte dans ce jour croit vous rendre propice,
En offrant sur ces bords un nouveau sacrifice,
On choisit la victime, et le sang va couler.
Cette fête cruelle est pour vous un outrage,
La verrés-vous sans la troubler?

* CANOPE porte un habit de simple Egiptien.

CANOPE.

Mon ame est toute entiere à l'objet qui m'engage.
L'Amour retient mon bras vengeur,
D'un vil peuple aveuglé, je dédaigne l'homage,
Et je ne sens que mon bonheur.

AGERIS.

Un Dieu qui soupire
Est sûr d'être écouté:

C'est dans ses vœux que la beauté
Trouve tout ce qu'elle désire.

Un Dieu qui soupire
Est sûr d'être écouté.

CANOPE.

Juge mieux du beau feu que ma flame a fait naître,
Memphis ne voit en moi qu'un mortel amoureux:
Sous le nom de Nilée, en m'offrant à ses yeux,
Le Dieu ne s'est point fait connaître.

L'éclat de la Grandeur suprême
N'a point touché l'objet dont je suis enchanté,
L'éclat de la Grandeur suprême
N'a point séduit sa vanité;
Quelle félicité!

Je ne dois son cœur qu'à moi-même.

Il est temps de me découvrir...
Elle vient, et je vais jouir
Du plaisir de combler les vœux de ce que j'aime.

AGERIS sort.

SCENE II.

CANOPE, MEMPHIS.

MEMPHIS.

AH ! Nilée, est-ce vous ? Je tremble, je frémis !..
Le sort doit aujourd'hui déclarer la victime.

CANOPE.

Ce Sacrifice n'est qu'un crime.

MEMPHIS.

L'Egipte le croit juste, et le Ciel l'a permis...
Un Dieu terrible nous menace.
Je l'ai vû cette nuit... Ce souvenir me glace.

CANOPE.

Est-il des Dieux assez puissans,
Pour détruire un bonheur qu'avec vous je partage ?

MEMPHIS.

Helas ! Un doux someil avoit charmé mes sens.
Autour de moi les songes bienfaisans

Ne retraçoient que votre image...
Tout-à-coup, le tonnerre éclate dans les airs,
La foudre perce le nuage...
Le Dieu s'offre à mes yeux précédé des éclairs.

Le croiriés-vous? Ce Dieu barbare
Sembloit avoir pris tous vos traits.

Il aproche. Mon cœur s'égare...
Je veux fuir... La frayeur de mon ame s'empare,
Et le réveil détruit ces terribles objets.

CANOPE.

Un Songe qui cause nos craintes
N'est souvent qu'un présage heureux.

L'instant, où nous croyons l'Amour sourd à nos plaintes,
Est l'instant qu'il choisit pour couronner nos feux.

Un Songe qui cause nos craintes.
N'est souvent qu'un présage heureux.

Connoissez votre amant & n'ayez plus d'allarmes...:

CHŒUR derriere le théâtre, dans l'éloignement.

Quelle victime!.. O ciel!.. Malheureuse Memphis!..

MEMPHIS.

Nilée, entendés-vous ces cris?...

CHŒUR derriere le théâtre qui paroît s'approcher.

Dieu puissant, pardonne à nos larmes...
Quelle victime! O ciel! Malheureuse Memphis.

CANOPE.

Justes Dieux ! C'est son sang qu'on oseroit répandre !
Barbares ! .. C'est à moi, Memphis, à vous défendre.
Ce Peuple odieux va me voir.

Il sort.

MEMPHIS qui le suit.

Où courez-vous ? Helas ! Qu'osez-vous entreprendre ?
Il va périr ... Nilée ? .. il ne peut plus m'entendre ..
Rien ne manque à mon désespoir.

SCENE III.

MEMPHIS.

VEille Amour, veille sur les jours
Du fidéle Amant que j'adore :
Vole Amour, vole à son secours,
C'est pour lui seul que je t'implore.

SCENE IV.

MEMPHIS, LE GRAND PRESTRE DU DIEU CANOPE, PRESTRES, PEUPLES D'EGYPTE.

LE GRAND PRESTRE.

JE gemis des rigueurs du ſort.
Memphis, l'Urne fatale a proſcrit votre vie.

MEMPHIS.

Si je la pers pour la Patrie.
Frappez, je ne crains point la mort.

BALET FIGURE'.

Les PRESTRES du Dieu CANOPE élevent ſur les bords du fleuve un autel de gazon, en déplorant le ſort de la victime.

Les femmes Egyptiennes entourent MEMPHIS & la conduiſent derriere le théâtre, pour la parer de fleurs.

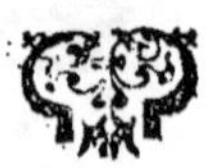

SCENE V.

Les Acteurs de la Scene précédente.

HIMNE

Au Dieu du Fleuve.

LE GRAND PRESTRE,

Alternativement avec les CHŒURS.

DIeu bienfaisant, puissent tes eaux fecondes
Se répandre à jamais dans ces climats serains. *
L'Astre du jour, si tu ne le secondes,
Fait en vain sur nos champs briller ses feux divins,
L'abondance ne suit que le cours de tes ondes.
Tu tiens dans tes grottes profondes
Les trésors de la terre & le sort des humains.

* Te propter nullos tellus tua postulas Imbres,
Arida nec pluvio suplicat herba Jovi. *Tib. Eleg.* 8. *du Liv.* 1.

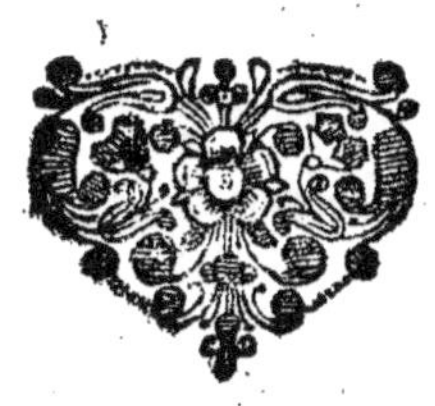

SCENE VI.

On ramene la victime ; à peine est-elle assise sur l'autel qu'il est entouré d'eaux bouillonantes, le ciel s'obscurcit : Il part des cataractes, et du milieu du fleuve des éclats pareils à ceux du tonnerre. Les flots se soulevent & forment un débordement formidable.

On voit le Dieu sur un char traîné par des crocodilles qui vomissent des flâmes, s'élancer du haut des cataractes, jusqu'au milieu du fleuve. Il est entouré de toute sa Cour.

LE DIEU CANOPE, sa Suite, MEMPHIS évanouie sur l'autel, LE GRAND-PRESTRE, PRESTRES, PEUPLES D'EGYPTE.

CANOPE, Alternativement avec sa Suite.

IMpetueux torrens,
D'un Dieu vengeur signalez la colere.
Que la mort pour punir la terre,
Vole sur les aîles des vents.

LE GRAND-PRESTRE avec les PRESTRES & les PEUPLES.

CIel ! O ciel ! Quels débordemens !
Tout périt. Dieu terrible, apaise ta colere,
Ecoute nos gemissemens.

CANOPE

CANOPE, au milieu du fleuve.

Peuple aveugle, peut-on m'honorer par un crime!
N'apprendras-tu jamais à connoître les Dieux?
Fuis, et respecte la victime.
Entraîne loin de moi tes Prêtres odieux.

CHŒUR DE PRESTRES ET DE PEUPLES.

Fuyons tous, fuyons tous.

Les PRESTRES & le PEUPLE fuyent, la Suite de CANOPE descend sous les eaux, les flots se retirent, et le char du Dieu roule rapidement jusqu'à l'autel.

SCENE VII.

CANOPE, MEMPHIS évanouie sur l'autel.

CANOPE.

Quel spectacle touchant pour une ame sensible!
Il descend du char.
Belle Memphis, le ciel, l'onde, tout est paisible.
Un Dieu qui vous adore, embrasse vos genoux.

MEMPHIS.

Quelle voix au jour me rappelle?...
Où suis-je!..Cher Nilée...Ah! Quelle erreur cruelle?..
Songe terrible! Helas!..Ciel, en qui m'offrez-vous
Des sons, et des raports si doux!

CANOPE.

Memphis, n'en doutez point, c'eſt votre amant lui-même.

MEMPHIS.

Vous trompez mes regards, ſans ſurprendre mon cœur...
Ah! Je ne vois qu'un Dieu qui comble ma terreur,
Sous les traits de l'amant que j'aime.

Dieu redoutable, helas! Laiſſez-vous déſarmer;
Ne le puniſſez pas d'avoir charmé mon ame.
Tout doit vous attendrir en faveur de ma flâme,
Par vous-même cent fois j'ai juré de l'aimer.....

Cher Amant, je ſerai fidéle,
Dût le ciel en courroux m'accabler de tourmens:
A la face du Dieu qui reçut mes ſermens,
Ma flâme te les renouvelle.

CANOPE.

Vous pénétrez mon cœur de plaiſir & d'amour.
Une erreur trop long-tems a cauſé vos altarmes.
Je vous vis ſur ces bords, je brulai pour vos charmes;
Sous le nom d'un mortel, j'eſperai qu'à mon tour...

MEMPHIS.

Qu'entens-je! O ciel! Quel heureux jour!

Mon cœur parloit en vain, et je n'osois le croire.

ENSEMBLE.

Vous m'aimés, je n'en puis douter.
Quel bonheur! Quelle gloire!
Tout ce qui pouvoit me flatter
Embelit ma victoire.

MEMPHIS.

Croyez-vous que j'oublie un peuple malheureux,
Lorsque mon bonheur est extrême?
Je dois jouir du bien suprême,
De porter jusqu'à vous son encens, et ses vœux.

CANOPE.

Amour! Ah! De quel cœur m'as-tu rendu le maître!
Memphis, vous allez me connaître.
Tout va se ressentir du bonheur de mes feux.
Ce n'est qu'en faisant des heureux
Que l'on peut mériter de l'être.

Vous qui m'obéissez, accourez à ma voix,
Venez, chantez mes feux, & célébrez mon choix.
Et vous Peuples, cessez de craindre ma colere.
Venez, accourez à ma voix:
Nilée à Memphis a sçu plaire;
Sous ce nom désormais, je vous donne des loix.

SCENE. VIII.

Entrée des Dieux & des Nayades qui ſortent du milieu du Fleuve , et des Peuples d'Egypte, qui forment le Divertiſſement.

CHŒUR.

Tendre Amour, dans tes chaînes,
S'il en coûte des ſoupirs,
Tu répans ſur les peines
Tous les attraits des plaiſirs.
Les langueurs,
Et les pleurs
Conduiſent aux faveurs.

Les amours
Font toujours
Le charme des beaux jours.

FIN DE LA SECONDE ENTRE'E.

TROISIE'ME ENTRE'E.

ARUERIS OU LES ISIES.

ARUERIS, reconnu chez les Egyptiens pour le Dieu des Arts, étoit fils D'OSIRIS & D'ISIS. Plutarque, qui raporte sa naissance extraordinaire, dit que ce Dieu fut le modele sur lequel les Grecs firent leur Appollon.

Les Isies ou *Isiennes* étoient des Fêtes célébres instituées en l'honneur de la Déesse Isis, que les Egyptiens honoroient comme la Déesse universelle. * Les Historiens parlent de cette solennité d'une maniere peu avantageuse. Cependant les Egyptiens passoient pour le peuple le plus sage de la terre, & les Prêtres d'Isis étoient, selon Diodore & Plutarque, des Philosophes extrémement rigides. Ces Fêtes au reste, étoient un mistere impénétrable. Pausanias raconte qu'un homme de Copte mourut subitement pour avoir voulu en révéler les secrets. Ces particularités ont fait présumer que dans leur institution, elles étoient telles à peu-près qu'on les a mises en scene. Les reproches des Historiens ne tombent, sans doute, que sur les abus qui s'y étoient glissés depuis : Ne peuvent-ils pas corrompre les établissemens les plus respectables ?

* Elien, Hist. des Animaux, Liv. 10. Chap. 23.
Apulée, Liv. 11. de ses Métam. C'est de cet Auteur qu'on a pris en partie l'Hymne à ISIS.

ACTEURS CHANTANS.

ARUERIS, *Dieu des Arts*, Le Sr Jeliote.
ORIE, *Jeune Nimphe*, La D[lle] Fel.
UN EGIPTIEN, Le S[r] Le Page.
UN BERGER EGIPTIEN, Le Sr Poirier.
UN TROISIE'ME EGIPTIEN, Le Sr Albert.
UNE BERGERE EGIPTIENNE, La D[lle] Coupée.
UNE EGIPTIENNE, La D[lle] d'Aliére.

PERSONNAGES DANSANS.

La D[lle] Camargo.
Le Sr Dumoulin;
Les D[lles] Sallé, Dalmand, Le Breton, de Verriere;
La D[lle] Caryille;
Les Srs Hamoche, Duval;
Les D[lles] S-Germain, Erny;
Les Srs Lionois, Feuillade;
Les D[lles] Thiery, Puvignée;
Les Srs Dumay, Dupré;
Les D[lles] Beaufort, Minot,

TROISIÉME ENTRÉE.

ARUERIS OU LES ISIES.

Le théâtre représente un amphithéâtre d'un goût antique : A travers la colonnade du fonds, on découvre une plaine fertile, coupée de bois, de prés, de ruisseaux, et bornée par des côteaux agréables.

SCENE PREMIERE.

ARUERIS.

LE bonheur de la Terre est le bien où j'aspire,
Les Talens vont prêter des charmes aux loisirs,
J'assure, en fondant leur Empire,
Des armes à l'Amour, aux Mortels des plaisirs.

Le Dieu des Arts eſt l'apui de ta gloire
Tendre Amour, ſeconde ſes vœux.
Eclaire l'objet de mes feux,
L'erreur qui le ſéduit balance ma victoire;
Que ton flambeau brille à ſes yeux.

SCENE II.

ARUERIS, ORIE.

ORIE.

INgrat, pour les beaux arts votre amour ſe ſignale,
Dans les Jeux que vous ordonnés.
Le prix dont vous les couronnés
Ne m'annonce que trop une heureuſe rivale.

ARUERIS.

Les Talens à l'envi, par d'agréables jeux,
Vont célébrer d'Iſis la gloire & la naiſſance,
Et l'Amour, des vainqueurs doit couronner les vœux.
On leur offre la récompenſe,
Qui peut ſeule être digne d'eux.
Les dons les plus brillans ſont votre heureux partage.
Dédaignés-vous le prix qui leur eſt préſenté?

ORIE.

Ces foibles dons ſur la beauté
Doivent-ils avoir l'avantage?

ARUERIS.

ARUERIS.

A nos cœurs la beauté porte les premiers coups,
Son aimable empire sur nous
Triomphe de l'indifference;
Mais à des traits plus surs & peut-être plus doux,
L'amour constant doit sa puissance.

ORIE.

Eh! Quels sont ces traits précieux?
Leur pouvoir doit me faire envie,
Puisqu'ils sont si chers à vos yeux.

ARUERIS.

L'art des talens, aimable Orie,
Banit l'ennui de nos loisirs.
Il faut, comme à la terre, à la plus belle vie,
Ces charmes variés d'où naissent les plaisirs.

Cette plaine vaste & feconde
Ne présente à nos yeux qu'une froide beauté;
Mais l'azur des cieux répété
Dans le cristal brillant de l'onde,
Les bois, les valons, les côteaux,
L'émail des fleurs, et la verdure
Rendent toujours riant, par leurs divers tableaux,
Le Spectacle de la nature.

ORIE.

L'Amour suffit aux cœurs qu'il sait bien enflamer.

ARUERIS.

Je mets tout mon bonheur, Orie, à vous aimer.
Mais la divine Isis, des Jeux que l'on prépare,
Dicte du haut des cieux les loix que je prescris.

ORIE.

Ah! La Déesse enfin, contre moi se déclare...
Helas! Cette Fête barbare
De mon amour pour vous, va me ravir le prix.

ARUERIS.

Je puis, si vous m'aimés, vous devoir à vous-même.

Entrés dans la carriere, embellissés nos Jeux.
Que mon destin seroit heureux
Si j'y voyois triompher ce que j'aime!

Entrés dans la carriere, embellissés nos Jeux.

ORIE.

L'Himen auprès de moi fixeroit tous vos vœux?..
Ah! C'est vainement que j'espere,
Mes talens négligés doivent trop m'allarmer.
Hélas! Quand leur secours me devient necessaire,
Je n'ai plus que celui d'aimer.

ARUERIS.

C'eſt le plus enchanteur. Lui ſeul les fait tous naître.

Eh ! Que ſeroient les Talens ſans l'Amour ?
Il les inſpire, il les force à paroître,
Il leur prête ſes traits, les place dans leur jour ;
Et ſa flame eſt leur premier Maître.

On entend le Prélude de la Fête.

AORIE, à part.

On vient. Triomphe Amour, diſſipe ſon erreur.

ORIE ſort.

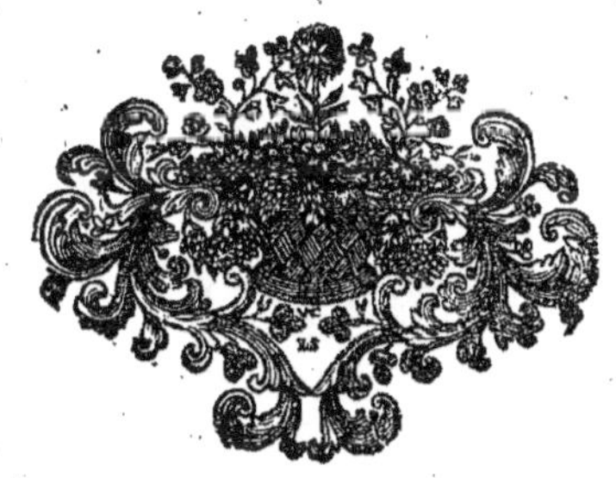

SCENE III.

ARUERIS, EGIPTIENS, chantans, dansans, et jouans de toutes sortes d'Instrumens.

On voit dans le lointain les mouvemens des divers Artistes qui disputent les prix de la Peinture, de la Sculpture, &c.

ENTRE'E D'EGIPTIENS ET D'EGIPTIENNES, qui viennent disputer le prix de la Danse, celui de la Musique, et celui du Chant.

ARUERIS.

Vos plaisirs, et votre allegresse
Sont pour Isis l'encens le plus flateur ;
Que sa gloire, et votre bonheur
Eclatent dans les Jeux que j'offre à la Déesse.

ARUERIS se place sur un trône élevé sur le devant du théâtre, et le Peuple sur les gradins des deux Amphitéâtres. Les Joueurs d'instrumens sont dans la Gallerie du fonds, et la Danse par Quadrilles, occupe les deux côtés du théâtre.

HIMNE A ISIS
pour le Prix de la Voix.

UN BERGER EGIPTIEN.

Brillés Sons enchanteurs, et volés jusqu'aux cieux:
De la divine Isis célébrés la mémoire.

UN EGIPTIEN.

Que les Echos de cet Empire heureux,
Retentissent de sa gloire.

DEUX EGIPTIENNES.

Le bonheur regne, ou fuit; au gré de ses desirs,
Elle rend la terre feconde.

UN EGIPTIEN, ET LES DEUX EGIPTIENNES.

Aquilons furieux, et vous tendres Zephirs,
A sa voix, vous volés sur l'onde.

LES DEUX EGIPTIENS ET LES DEUX EGIPTIENNES.

Elle donne aux Mortels la paix & les plaisirs,
Des Dieux à l'Univers, et des Maîtres au Monde.

QUINQUE en assaut, sur lequel les CHŒURS reprennent.

Brillés, Sons enchanteurs, et volez jusqu'aux cieux.
De la Divine Isis, célébrez la mémoire.
Que les Echos de cet empire heureux,
Retentissent de sa gloire.

PREMIER BALET FIGURÉ.

Les Joueurs d'Inſtrumens diſputent par différens Airs, le prix de la Muſique: *

Et les Egiptiens danſans, diſputent ſur ces mêmes airs, le prix de la Danſe.

AIRS PARODIÉS DU BALET,
pour la Diſpute du Prix de la Voix.

UNE BERGERE EGIPTIENNE.

L'Amant que j'adore
Alloit former de nouveaux nœuds;
J'entendis des oiſeaux heureux,
Les chants amoureux
Au lever de l'aurore.

J'imitai leurs accens,
Mon Amant courut pour m'entendre,
Mes ſons touchans
L'ont rendu fidele, et plus tendre,
Je dois mon bonheur à mes chants.

On continue le Balet.

* Tous ces Airs ſont des aſſauts de divers inſtrumens qui prennent les uns ſur les autres.

UN BERGER EGIPTIEN
Jouant de la Musette.

Ma Bergere fuyoit l'amour ;
Mais elle écoutoit ma musette.
Ma bouche discrette
Pour ma flâme parfaite,
N'osoit demander du retour.

Ma Bergere auroit craint l'amour,
Mais je fis parler ma musette.

Ses sons plus tendres chaque jour
Lui peignoient mon ardeur secrete :
Si ma bouche étoit muette,
Mes yeux s'expliquoient sans détour.

Ma Bergere écouta l'amour,
Croyant écouter ma musette.

Le Balet continue. Il est interrompu par ORIE.

SCENE DERNIERE.

ARUERIS, ET ORIE.

ORIE.

Pour entendre ma voix, Peuple, ſuſpens tes Jeux.

CANTATILLE.

Naiſſés du tranſport qui me preſſe,
Naiſſés Accens harmonieux.
Charmes du ſentiment, divine, et douce yvreſſe,
Paſſés dans mes chants amoureux.

Enchantés l'Amant que j'adore,
Sons touchans, ſecondés mes feux.
Allés juſqu'à ſon cœur, rendés plus tendre encore
L'amour qui brille dans ſes yeux.

Sons brillans, hâtés-vous d'éclore,
Volés, ſoyés l'image des Zéphirs.
Amuſés l'Amant que j'adore :
Volés, ſoyés l'image des Zéphirs.

Peignés le doux penchant qui les ramene à Flore,
Gardés-vous d'exprimer leurs volages ſoupirs.
Qu'à jamais mon Amant ignore

Si

Si l'inconstance a des plaisirs.

Sons brillans, hâtés-vous d'éclore,
Amusés l'Amant que j'adore :
Volés, soyés l'image des Zéphirs....

TOUS LES CHŒURS.

Ciel, quels accens !...

LES CINQ qui ont disputé le prix de la voix.

Triomphés, belle Orie.

TOUS.

Remportés le prix de la voix.

LES CINQ.

Loin de nos cœurs les tourmens de l'envie,
L'Amour seul nous donne des loix.

* ARUERIS, avec LES CHOEURS.

Triomphés, belle Orie,
Remportés le prix de la Voix

ARUERIS.

A l'objet de vos vœux vous allez être unie,
Et sa félicité ne dépend que de vous.

* Il donne à ORIE une Couronne de Mirthe.

ORIE.

A l'Amour je dois ma victoire.
C'est pour lui dans ces jeux que j'ai cherché la gloire,
Et c'est de votre main que j'attens un Epoux.

ARUERIS, en lui offrant la main.

Je partage le prix d'un triomphe si doux!

Et vous Peuple aimable,
L'Himen va couronner vos efforts généreux.
Venés, qu'une chaîne durable
Vous unisse & vous rende heureux.

SECOND BALET FIGURE'.

Tous ceux qui ont disputé les differens prix des Arts forment ce Balet, ARUERIS ET ORIE les unissent à l'objet de leur tendresse.

UN EGIPTIEN.

Belles, amusés vos amans
Vous les verrés toujours fideles.

Sur les pas des talens,
Les plaisirs renaissans
Donnent aux nœuds les plus constans
Le charme des chaines nouvelles.

Belles, amusés vos amans
Vous les verrés toujours fideles.

Les Graces triomphent du temps,
En fixant les Jeux auprès d'elles.
Belles, amusés vos amans
Vous les verrés toujours fidéles.

LE BALET FIGURE' continue.

ARUERIS, alternativement avec ORIE, ET LES CHŒURS.

Himen, c'est le jour de ta gloire,
Vole, allume tes feux au flambeau de l'Amour.
Qu'à jamais de cet heureux Jour
Les Jeux, et les Plaisirs consacrent la mémoire.
Himen, c'est le jour de ta gloire,
Vole, allume tes feux au flambeau de l'Amour.

FIN.

www.ingramcontent.com/pod-product-compliance
Lightning Source LLC
LaVergne TN
LVHW010624110826
845149LV00003B/1041

* 9 7 8 2 0 1 9 1 9 6 4 0 0 *